Shinji Ohno

Ensaios sobre Hou Hsiao-Hsien, Herman Melville e Graham Swift

Shinji Ohno

Ensaios sobre Hou Hsiao-Hsien, Herman Melville e Graham Swift

Um estudo do Sul

ScienciaScripts

Imprint

Any brand names and product names mentioned in this book are subject to trademark, brand or patent protection and are trademarks or registered trademarks of their respective holders. The use of brand names, product names, common names, trade names, product descriptions etc. even without a particular marking in this work is in no way to be construed to mean that such names may be regarded as unrestricted in respect of trademark and brand protection legislation and could thus be used by anyone.

Cover image: www.ingimage.com

This book is a translation from the original published under ISBN 978-3-659-41344-5.

Publisher:
Sciencia Scripts
is a trademark of
Dodo Books Indian Ocean Ltd. and OmniScriptum S.R.L publishing group

120 High Road, East Finchley, London, N2 9ED, United Kingdom
Str. Armeneasca 28/1, office 1, Chisinau MD-2012, Republic of Moldova, Europe
Printed at: see last page
ISBN: 978-620-7-66284-5

Índice:

Capítulo 1   4

Capítulo 2   21

Capítulo 3   39

Agradecimentos

Os três artigos foram originalmente apresentados em conferências académicas quando eu era estudante de doutoramento na Universidade do Mississippi. Na medida do possível, os três artigos mantêm-se tal como foram apresentados oralmente.

O artigo sobre Hou Hsiao-Hsien foi apresentado na Sexta Conferência Internacional de Tamkang sobre Discurso Ecológico (dezembro de 2014). Agradeço profundamente aos colegas participantes, como a Dra. Karen Ferreira-Meyers, Rina Garcia Chua e Kiu-wai Chu, bem como à minha mentora, Dra. Annette Trefzer, que me permitiu fazer esta apresentação.

O artigo sobre Graham Swift foi apresentado na Southern Writers / Southern Writing 20th Conferência Anual na Universidade do Mississippi (agosto de 2014). Mas, antes da conferência, foi originalmente apresentado na Sessão Final da aula da Dra. Mary Bone no Semestre da primavera na Universidade do Mississippi. Agradeço profundamente os seus comentários sugestivos, que me ajudaram a desenvolver as minhas ideias.

O artigo sobre Herman Melville foi apresentado na conferência da Rice University intitulada Reconceptualizing Narrative: Structures, Systems, Boundaries The Rice English Graduate Symposium (setembro de 2014). A Dra. Katy McKee ajudou-me a clarificar a minha ideia e o meu inglês. Agradeço-lhe profundamente, assim como ao Dr. Donald Pease, que me fez um comentário positivo.

Atsushi Matsuda (Kakaricho), Humitake Shimoji, Tetsuaki Fujimoto, Jinjo Muramatsu, Ran Muratsu, Ray Asaba, Ryoshiro Hirose e Yohei Sekiguchi encorajam-me sempre a enfrentar a literatura com coragem.

Capítulo 1

O que a montanha nos diz em silêncio:

A perspetiva da/da montanha em *A Cidade da Tristeza*, de Hou Hsiao-Hsien

No extraordinário filme de Hou Hsiao-Hsien, *A City of Sadness (ʌfʌNørfr)* (1989), o silêncio desempenha um papel significativo na descrição da história regional de Taiwan. O multiculturalismo do filme, exemplificado de forma proeminente pelas suas utilizações discordantes de canções taiwanesas, chinesas e japonesas (Rawnsley 209), reflecte os anos turbulentos de Taiwan de 1945 a 1949. No entanto, a deficiência auditiva de Wen-ching, um dos principais protagonistas, ajuda efetivamente a tornar as canções "significantes flutuantes" (Ru-shou 81), o que não exprime senão a dificuldade de representar o passado complexo. Além disso, no que diz respeito à opressão política como silenciamento, Wen-ching, como testemunha silenciosa, "representa o próprio problema de comunicação que o 28 de fevereiro[th] cria" (Lupke 6).

Aqui, podemos também perguntar o que a montanha silenciosa personifica, pois os planos da/da montanha que olha para a pequena cidade mineira aparecem de forma impressionante nas curvas históricas. Não devemos considerar a sua bela presença como a Natureza imutável, fora das culturas ou da história, porque a montanha está a mudar "anormalmente" devido à mina de ouro. Aquilo a que Rob Nixon chama "violência lenta" tem lugar para além do curto período do filme. As perspectivas da/na montanha têm a potencialidade de minar a Natureza como o ponto de referência fixo do relativismo cultural.

De acordo com Bruno Latour, o relativismo cultural utiliza sempre secretamente um universalismo particular, no qual a única sociedade dominante, nomeadamente a ocidental, tem um acesso privilegiado à Natureza (Latour 105). No entanto, como mostram as palavras veementes de Wen-heung, "Primeiro os japoneses, depois os chineses", nenhuma sociedade ocidental exerce diretamente o seu poder no filme. Estas características não ocidentais parecem tentar-nos a pensar na relação do filme com a noção alternativa de Latour de "naturezas-culturas", em parte porque Latour considera o ano de 1989 - quando o Muro de Berlim caiu - como um certo ponto de viragem dos valores ecológicos ocidentais. A esta luz, gostaria de considerar a natureza no contexto pós-colonial.

1. Introdução

O silêncio tem funções plurais em *A City of Sadness*. O silêncio, em primeiro lugar, é simbolicamente indicativo do silenciamento político após o incidente de 28 de fevereiro em[th] . Privando o ator de Hong Kong de qualquer língua, quer seja Pequim, Taiwan ou Cantonês (Hasumi 251-52), Hou Hsiao-Hsien faz com que o protagonista com deficiência auditiva, Wen-ching, actue em absoluto silêncio. A cena da prisão em que Wen-ching se apoia desesperadamente na grade mostra-nos, de forma impressionante, a dificuldade de representar a opressão política, porque a deficiência auditiva de Wen-ching torna inaudíveis, ao nível da representação, os tiros que matam os seus companheiros de prisão. Ouvimos os companheiros de prisão serem mortos a tiro, mas não podemos imaginar como soaram os tiros no local. Assim, Wen-ching, como testemunha silenciosa e silenciada, "representa o próprio problema de comunicação que o 28 de fevereiro cria" (Lupke 6).

Em segundo lugar, o silêncio actua para pôr em primeiro plano a diversidade cultural do filme. O multiculturalismo do filme, exemplificado de forma proeminente pelas suas utilizações discordantes de canções taiwanesas, chinesas e japonesas (Rawnsley 209), reflecte os anos turbulentos de Taiwan, de 1945 a 1949. O filme nunca admira o colonialismo japonês, mas as canções japonesas estão incluídas na vida dos taiwaneses. O filme não elogia a instalação dos continentais em Taiwan nem se agarra à cultura nativa de Taiwan, mas tanto as canções chinesas como as taiwanesas são incluídas na vida. Numa dimensão tão multicultural, a deficiência auditiva de Wen-ching ajuda efetivamente a tornar as canções "significantes flutuantes" (Ru-shou 81), faltando a todas elas as culturas significantes substanciais que estão solidamente enraizadas na vida local. É muito sugestivo o facto de Wen-ching, ao tocar o disco de música alemã, contar a sua perda de audição a Hinomi, a protagonista feminina. A cena, em que a música de Lorelei flutua, transforma-se depois num flashback em que Wen-ching, de oito anos, imita o ator de um drama musical tradicional de Taiwan. O silêncio de Wen-ching não hierarquiza as diversas culturas, como se pode ver pelo facto de a música alemã, culturalmente desconhecida, evocar a sua memória local da perda do sentido da audição. Ou seja, quaisquer culturas, no que respeita ao silencioso Wen-ching, não ocupam nem posições superiores nem posições subordinadas. Por enquanto, podemos chamar a esta caraterística do multiculturalismo "relativismo cultural" sem culturas dominantes.

O tema do silêncio pode ser encontrado nos planos de/da montanha que olha para a pequena cidade mineira. Logo após o início do filme, Hinoe diz: "Estava fresco nas montanhas e a vista era linda. De agora em diante, vou vê-la todos os dias. Sinto-me tão feliz". Perto do fim, diz ao sobrinho na carta que conta a prisão de Wen-ching: "Por favor, venha visitar-nos em breve. Está fresco em Chiu-fen. As flores de outono estão a desabrochar. As montanhas estão todas brancas, como a neve". Estas montanhas líricas, embora aumentem indiscutivelmente os aspectos épicos do filme, devem ser postas em contraste com as montanhas estranhamente silenciosas que aparecem como pano de fundo das viragens históricas: O anúncio da rendição incondicional do imperador japonês (1945) e o anúncio da lei marcial após o Incidente de 28 de fevereiro (1947). Em cada viragem, as montanhas aparecem como que para reforçar a dificuldade de testemunhar o passado complexo. Podemos também perguntar-nos o que a natureza, representada pelas montanhas neste filme, nos diz silenciosamente sobre a relação entre as culturas e a natureza. No resto deste artigo, gostaria de encontrar neste filme uma das formas como a ecocrítica contemporânea adquire a sua validade, tendo em consideração o ano em que este filme foi realizado - 1989, o ano da queda do Muro de Berlim, o ano do fim da Guerra Fria - porque este filme tem algo amplamente aberto para o futuro, apesar do seu foco no passado regional.

2. Relativismo cultural e o além - "Violência lenta" e a cidade mineira

Se encontrarmos o "relativismo cultural" nas associações entre as diversas culturas, a natureza no filme tem de ser a Natureza imutável que se encontra fora das culturas. De acordo com Bruno Latour, o relativismo cultural tem a natureza como ponto de referência fora das culturas (Latour 104), pois enquanto as culturas puderem existir sem as suas interacções, devemos encontrar a própria base das culturas independentes não nas suas relações mútuas, mas na relação de cada cultura com a não-cultura, ou seja, a Natureza. No relativismo cultural, a Natureza, com a sua imutabilidade, sustenta a estabilidade e/ou mutabilidade independente de cada cultura sem colocar as culturas na sua interdependência.

O esquema de Bruno Latour sobre o relativismo cultural

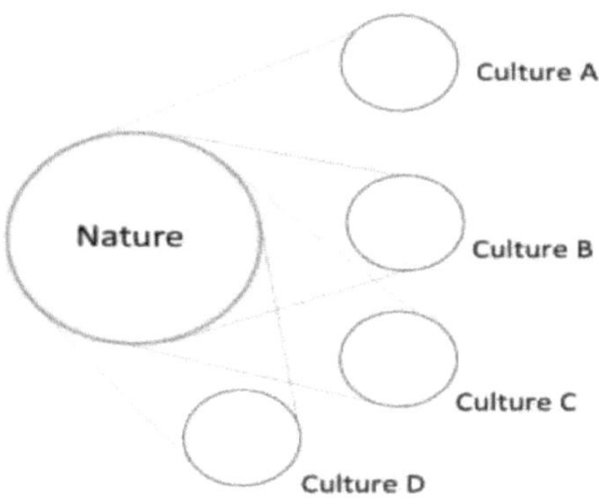

Esta visão da Natureza como um ponto de referência pode ser aplicada às montanhas em *A City of Sadness*. Certamente, as montanhas parecem não ter sido afectadas por qualquer viragem histórica; a rendição incondicional do Japão (1945), o Incidente de 28 de fevereiro (1947) e o movimento do Governo Nacionalista para Taiwan (1949). As montanhas, com a sua beleza e pitoresco, parecem transcender todas as culturas.

No entanto, temos de notar que o pitoresco das montanhas deriva de um fator artificial, ou seja, a indústria mineira. As montanhas escarpadas são simultaneamente naturais e artificiais, como se pode ver no pano de fundo em que Hinoe trabalha como enfermeira no Kimguishiu Miner Hospital. A indústria mineira, embora eu desconheça a sua verdadeira origem, é supostamente originária do colonialismo japonês. Quando observamos o facto de a cidade se tornar gradualmente desolada a partir de 1949, podemos ver a relação mútua entre a cidade e as montanhas para além do curto espaço de tempo do filme. As montanhas estão a mudar e a afetar a cidade lentamente, mas constantemente. Devemos notar que, mesmo durante a época de 1945 a 1949, as montanhas também estão a mudar muito lentamente. Além disso, a presença impressionante das montanhas em mudança leva-nos a pensar na relação entre culturas e natureza para além do "relativismo cultural".

Rob Nixon chama a um tipo específico de destruição industrial da natureza "violência lenta". A "violência lenta" contra a natureza é definida pela invisibilidade da destruição e pela sua lentidão em comparação com a rapidez do capitalismo (Nixon 2). Nixon também especifica a "violência lenta", apontando a mutabilidade global dos seus sujeitos (corporações do capitalismo global alinhadas com o neoliberalismo) e a localidade imóvel dos objectos, incluindo os habitantes (Nixon 9). Assim, podemos ver que a "violência lenta" tem lugar na cidade mineira em *A City of Sadness*, porque mesmo depois de os colonialistas japoneses, que estão alinhados com o capitalismo colonial, abandonarem a cidade, a indústria mineira em declínio continua a afetar a natureza e os habitantes. As montanhas silenciosas põem em causa o dinamismo mútuo entre as diversas culturas e a natureza. Não só os humanos trabalham para a natureza, mas também a influência da natureza sobre os humanos é fortemente questionada.

Latour observa que o relativismo cultural utiliza sempre secretamente um universalismo particular em que a única sociedade dominante, nomeadamente o Ocidente, tem um acesso privilegiado à Natureza (Latour 105). Em todo o mundo, o colonialismo e o capitalismo ocidentais, insistindo em ser o único senhor da Natureza, tiveram ou têm o privilégio de a explorar. O que o "relativismo cultural" deste filme esconde, certamente, pode ser equiparado às culturas industriosas ocidentalizadas, embora a autoridade dominante mude dos colonialistas japoneses para o governo nacionalista. Curiosamente, porém, não há culturas ocidentais dominantes neste filme, embora as diversas culturas sejam, em vários graus, ocidentalizadas. Não parece haver um ocidental dominante neste filme, como mostram claramente as palavras veementes de Wen-heung, que é o irmão mais velho de Wen-ching: "Primeiro os japoneses, depois os chineses". Para pensar a natureza deste filme para além do "relativismo cultural", devemos refletir sobre estes traços peculiares não ocidentais.

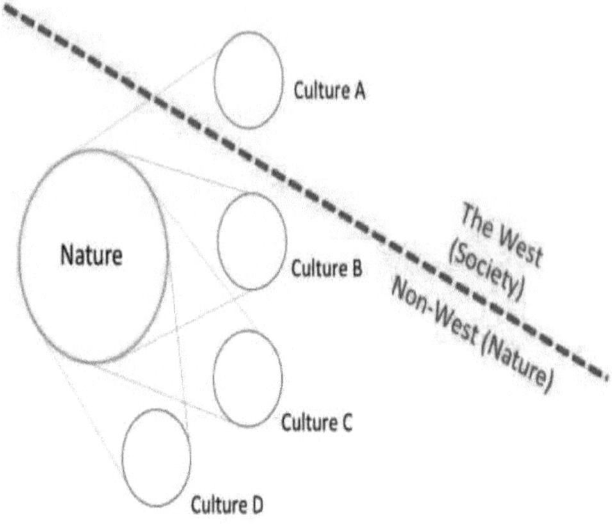

3. Estranha nostalgia não ocidental do sonho socialista, mas sem lamentações

Quanto às montanhas deste filme, o público não deve esquecer a cena em que

Hinomi, o irmão de Hinoe, foge da opressão política para as montanhas. Nas

montanhas, Hinomi, que tem um idealismo socialista, tenta criar uma comunidade de

subsistência baseada na agricultura com os seus camaradas. O seu idealismo algo

pastoral e a sua recusa do capitalismo podem ser considerados como o outro caminho

para a ocidentalização, mas a perspetiva do filme não se limita a admirar o ideal

socialista universal pela outra ocidentalização no ano de 1989, quando todos no mundo

testemunharam o resultado da corrupção socialista. Nos seus outros filmes, como *Three*

Times (\$&№ Hj-)L), Hou Hsiao-Hsien celebra nostálgica e seriamente o sonho de liberdade da juventude dos anos 60, influenciado pela cultura americana. Por isso, não devemos encontrar neste filme a simples nostalgia do sonho socialista ou a tentativa de recuperar o idealismo socialista. Devemos refletir sobre a razão pela qual Hou Hsiao-Hsien insere intencionalmente na história a estranha nostalgia do sonho socialista.

A natureza para os socialistas, que não é mais do que as montanhas, encarna a base da "progressão" socialista que é alcançada a partir do trabalho humano em direção à natureza sem intermediação capitalista. No entanto, as montanhas estranhamente esfarrapadas no caminho para a sua comunidade de subsistência mostram-nos não só a "violência lenta" do capitalismo, mas também a premonição do colapso do socialismo, em parte devido à sua ignorância das questões ambientais, exemplificada de forma proeminente pelo incidente de Chernobyl. Depois, temos de perguntar novamente porque é que o realizador insere a estranha nostalgia.

Um dos efeitos desta estranha nostalgia é o facto de o idealismo socialista, como contraponto à opressão política, funcionar na procura da identidade taiwanesa, como se pode ver na paisagem pastoral dos arrozais nas montanhas. Apesar da sua crença oficial no socialismo "progressista", parecem tentar estabelecer a sua identidade local "não-ocidental" na relação harmoniosa entre a cultura e a natureza. Embora esta procura de identidade pareça bastante dúbia devido à atitude afirmativa do filme em relação ao multiculturalismo, este idealismo socialista desocidentalizado e localizado ajuda a localizar o capitalismo em expansão global na relação entre as culturas e a natureza. Não podemos afirmar o seu idealismo nem como socialismo universal nem como regionalismo rebelde. No entanto, a perspetiva do filme a partir de 1989, através do colapso do socialismo, acaba por apresentar aquilo contra o qual estes idealistas locais lutam, não só como a exploração do homem pelo homem, mas também como a exploração da natureza pelo homem, porque a crítica socialista à exploração capitalista do homem, pelo menos em 1989, acaba por esconder completamente a exploração global da natureza. Os idealistas das montanhas não se apercebem desta ocultação. O seu estatuto desocidentalizado e localizado revela-nos, no entanto, a exploração global da natureza como base tanto do capitalismo como do socialismo.

O problema é a exploração do ser humano e/ou a exploração da natureza. Se este problema é apresentado pelo conflito antiquado entre capitalismo e socialismo, a perspetiva de 1989, a que Latour chama "o ano dos milagres" (Latour 8), mapeia de novo o mundo entre a localidade e o poder global. A "estranha" nostalgia "não-ocidental" do sonho socialista neste filme, à custa da sua insistência "inválida" na identidade cultural "genuína", ajuda a localizar o capitalismo na tensão entre a sua influência global e a localidade deserta. Latour descreve o que o ano de 1989 evoca como o regresso do reprimido, da seguinte forma:

> Ao mesmo tempo que procurava abolir a exploração do homem pelo homem, o socialismo tinha ampliado essa exploração de forma incomensurável. É uma estranha dialética que faz renascer o explorador e enterra o coveiro, depois de ter dado ao mundo lições de guerra civil em grande escala. O reprimido regressa, e com uma vingança: o povo explorado, em nome do qual tinha reinado a vanguarda do proletariado, volta a ser um povo; as elites vorazes que
>
> que deveriam ter sido dispensados, regressam com toda a força para retomar o seu antigo trabalho de exploração nos bancos, nas empresas e nas fábricas .
>
> O capitalismo ampliou ambos para além da medida. O reprimido regressa, e com uma vingança: as multidões que se supunha estarem salvas da morte voltam a cair na pobreza às centenas de milhões; a natureza, sobre a qual se supunha termos ganho o domínio absoluto, domina-nos de uma forma igualmente global e ameaça-nos a todos. É uma estranha dialética que transforma o escravo em dono e senhor do homem, e que nos informa subitamente que inventámos os ecocidas e a fome em grande escala. (Latour 8)

O socialismo, com a sua morte, revela-se baseado na exploração do homem. O capitalismo, com a morte do seu opositor, revela-se ameaçado pela natureza. De acordo com este esquema brilhante, podemos traçar a visão da ideologia neste filme: A "estranha" nostalgia "não-ocidental" do sonho socialista de Hou Hsiao-Hsien, com as suas tensões desuniversalizadas, sugere paradoxalmente que o sujeito que forma uma *ligação direta* com a natureza não é o socialismo morto, mas o capitalismo vivo. Num certo sentido, as montanhas danificadas de *A City of Sadness* estão dispostas a escolher o capitalismo como seu interlocutor *direto* (e oponente) sem a intermediação dos humanos, embora nós, humanos, também sejamos interpelados pelas montanhas bizarras sob a sombra do capitalismo. É particularmente notável o facto de a desocidentalização e a localização do socialismo universal permitirem uma tal representação da natureza como sujeito alternativo neste filme.

4. O Sul Global incorporado e o ambientalismo

A minha discussão até agora pode ter enfatizado demasiado a localidade. Mas, simplesmente, também gosto muito do aspeto multicultural deste filme. Gosto do facto de várias canções e músicas serem muito indicativas do multiculturalismo global no mundo de Hou Hsiao-Hsien. Por exemplo, tal como a música americana internacionalmente popular em *Três Vezes*, a canção de abertura de Bons *Homens, Boas Mulheres (&:%&#)* tem uma ressonância cosmopolita socialista, uma vez que a letra diz, de forma idealista: "Quando a tristeza de ontem está prestes a morrer/ Quando a boa disposição de amanhã está a marchar na nossa direção/ Então as pessoas dizem 'Não chores'/ Então porque não cantamos?" Mas, simultaneamente, devemos observar que esta canção cosmopolita é cantada tendo como pano de fundo a natureza local. Como já vimos, esta paisagem natural não é o ponto de referência imutável do "relativismo cultural". Temos de categorizar a *ligação* de cada cultura com a natureza como aquilo que Latour define como "natureza-cultura" (Latour 7): "Todas as naturezas-culturais são semelhantes no facto de construírem simultaneamente humanos, divindades e não-humanos. Nenhuma delas habita um mundo de signos ou símbolos arbitrariamente impostos a uma Natureza externa conhecida apenas por nós [os ocidentais]" (Latour 106). A esta luz, o multiculturalismo deveria ser renomeado como "multi-naturezas-culturas". Deste ponto de vista, podemos ouvir o que a natureza nos fala, reconhecendo a sua subjetividade.

Em *A City of Sadness*, não podemos ouvir o que as montanhas nos dizem silenciosamente, exceto o relâmpago furioso das montanhas que pressagia uma certa viragem histórica. No entanto, em *Dust in the Wind (^^JS,1£)*, há uma cena em que as montanhas, presumivelmente idênticas, parecem responder ao capitalismo e a nós, como se dissessem diretamente a sua raiva. A história passa-se na década de 1960. Ao ver um programa de televisão sobre a indústria mineira, Ah-yuan, o protagonista, recorda de forma traumática o ferimento do seu pai no poço da mina. O plano seguinte mostra-nos a forma urgente como os mineiros, incluindo o seu pai, tentam escapar. É importante notar que este plano, no nosso contexto, pode ser interpretado como a "fuga das montanhas".

subjetivo de expulsar os mineiros. As montanhas respondem tanto aos habitantes locais da classe trabalhadora como ao capitalismo em expansão global. É nesta tensão entre localidade e globalização que o filme apresenta as *ligações directas* entre as culturas sob o capitalismo e a natureza como componente crucial do mundo contemporâneo, porque já conhecemos tanto a globalização neoliberal como reforço das crescentes disparidades de riqueza como a globalização cultural como contraponto eficaz contra o essencialismo cultural. Esta contradição da globalização valida a ecocrítica contemporânea que lida com "naturezas-culturas" sob o capitalismo global.

Quando prestamos atenção à exploração da natureza local pelo capitalismo global, é-nos possível equiparar a fronteira entre o poder global e a localidade à distinção entre o Norte Global e o Sul Global. O fosso entre os dois não é apenas económico, mas também ambiental. Não estou certo de que os países da Ásia Oriental, incluindo Taiwan, possam ser considerados como o Sul Global. Pelo contrário, devido à sua ocidentalização ou à sua elevada capitalização, os países da Ásia Oriental parecem normalmente não ser classificados como o Sul Global. O que é significativo no nosso contexto é, no entanto, o facto de *A City of Sadness* inserir a questão do Sul Global nas *nossas* paisagens, no que diz respeito aos problemas ecológicos. Neste caso, o que "nós" significa, ao contrário de Latour, não são apenas os ocidentais, mas também os cidadãos não ocidentais que vivem no Norte Global.

O que as montanhas nos dizem deve ser procurado nesta ambivalência geográfica, porque as montanhas não conseguem determinar a quem atribuem os danos. Ao capitalismo abstrato ou aos trabalhadores concretos? O Norte Global ou o Sul Global? Ao mesmo tempo, as montanhas são forçadas a enfrentar uma ambivalência temporal, porque não conseguem distinguir entre o capitalismo colonial e o capitalismo global, ou entre a pré-modernidade, a modernidade e a pós-modernidade. Mineração é mineração. Esta tautologia justificável faz-nos pensar de novo na necessidade de visualizar um pouco

continuidade "invisível" (Nixon) relativa às "multi-naturezas-culturas". Podemos chamar historicidade a esta continuidade, seja ela local ou global. Mas, para ouvirmos as montanhas, temos de incluir na historicidade as perspectivas simétricas das "naturezas-culturas". O Sul Global incorporado, com a sua presença heterogénea, faz-nos continuar a pensar nesta lição. Gostaria de avaliar com grande ênfase o facto de

este filme monumental realizado em 1989, como se previsse o futuro, incluir o

ambientalismo contemporâneo mesmo entre o Norte Global e o Sul Global.

Capítulo 2

A "veracidade" da escrita de viagens:

A estrutura narrativa da obra *Typee* de Herman Melville

1. Elaborar e afinar a nossa pergunta sobre a "veracidade"

No "Prefácio" do seu primeiro livro publicado, *Typee*, Herman Melville sublinha "a verdade nua e crua" da sua narrativa de viagem: "Há algumas coisas relatadas na narrativa que certamente parecerão estranhas, ou talvez inteiramente incompreensíveis, ao leitor; mas não podem parecer-lhe mais estranhas do que pareciam ao autor na altura" (2). Pode ser tentador para nós considerar a veracidade ou inveracidade da narrativa meramente como um problema epistemológico melvilleano, especialmente quando recordamos o famoso uivo de Ahab, "If man will strike, strike through the mask" (*Moby-Dick* 140). É certamente verdade que as representações cépticas dos missionários cristãos na Polinésia preparam a epistemologia profunda de Melville, que é desenvolvida nas suas obras seguintes, como *Moby-Dick*. No entanto, devemos prestar especial atenção ao facto de *Typee* ter sido escrito para leitores contemporâneos que esperavam e procuravam "a verdade nua e crua" da escrita de viagens, porque tomar em consideração a restrição do género coloca o problema da "veracidade" no contexto atual do expansionismo americano. Christopher McBride, observando a dependência da narrativa em relação ao estereótipo do canibalismo como "selvagem", afirma que *Typee*, enquanto texto de viagem, reflecte e questiona "a imaginação colonial americana" em relação às Marquesas e a outras ilhas dos mares do Sul (McBride 167).

A "veracidade" do relato de viagem centra-se na "veracidade" da vida da tribo Typee. Melville, por vezes, faz com que o narrador refute as anteriores representações autênticas dos costumes dos nativos, como se pode ver na seguinte passagem sobre "uma grande quantidade de humilhação não intencional em alguns dos relatos que temos de homens científicos": "Estes turistas eruditos obtêm geralmente a maior parte das informações dos velhos exploradores do mar do Sul reformados, que se domesticaram entre as tribos bárbaras do Pacífico" (170). Os "selvagens" estereotipados são, assim, gerados não só pelos marinheiros que "contam histórias difíceis" (170), mas também pelos discursos "autênticos" baseados apenas nos discursos acumulados. Poderíamos recordar aqui o textualismo do "Orientalismo" de Edward Said, através do qual os viajantes ocidentais projectam os discursos orientais anteriores no não-Ocidente real. *Typee*, enquanto relato de viagem, está também sob a influência da escrita de viagem ocidental convencional, uma vez que, embora o narrador faça um esforço para negar o estereótipo, a narrativa apoia-se paradoxalmente nos discursos anteriores sob a forma de negação. Assim, como defende Janet Giltrow, é importante ler *Typee* em ligação com "a convenção estrutural do género de viagem" (Giltrow 24). De facto, as frequentes digressões sobre a expatição antropológica, como a explicação detalhada do sistema familiar dos nativos, são características não dos romances contemporâneos, mas dos escritos de viagem convencionais do século XIX. O problema da "veracidade" não pode ser separado da estrutura da escrita de viagens.

Nesta perspetiva, este artigo pretende clarificar a "veracidade" de *Typee* em termos de estrutura narrativa. Isto não quer dizer que leremos *Typee* como um texto de viagem convencional. Pelo contrário, o foco está na forma como a narrativa se desvia da escrita de viagem convencional e problematiza a sua premissa. Os principais pontos relativos à estrutura narrativa são os dois seguintes. 1) As representações antropológicas sobre a comunidade dos Typee parecem dividir-se em dois pontos de vista. Uma é a hierarquia patriarcal; a outra é a potente comunidade centrada nas mulheres. Enquanto o poder das primeiras reside no centro ritual da comunidade, chamado "os bosques tabu do vale" (91), a localização periférica das segundas, com o seu acesso ao mundo "exterior", incluindo o Ocidente, confere-lhes um poder alternativo. 2) "A história de Toby", que é colocada como apêndice após o final do corpo narrativo, revela o narrador principal, Tommo, como "um narrador não fiável" (Maloney 15). Estando cativado pela comunidade, Tommo não consegue compreender o que se passa à sua volta. Não consegue perceber até que ponto os Typees têm informações sobre o mundo "exterior". Nem sequer consegue perceber quem o ajuda a escapar ao confinamento. Só depois de reencontrar o seu companheiro, Toby, e de adquirir "A história de Toby", é que começa a compreender o que se passa à sua volta durante a sua estadia no vale. Por conseguinte, a perspetiva de Toby no apêndice tem o potencial de minar, se não mesmo subverter, a fiabilidade da narrativa corporal. Ao mesmo tempo, porém, o efeito revelador do apêndice depende da narrativa corporal.

A diferença entre estes dois pontos corresponde à fratura entre a vida nativa narrada e as perspectivas narradoras. Observe o esquema seguinte. Embora eu não queira fazer um desenho tão matemático, espero que este esquema ajude a explicar.

A relação entre os dois pontos 1

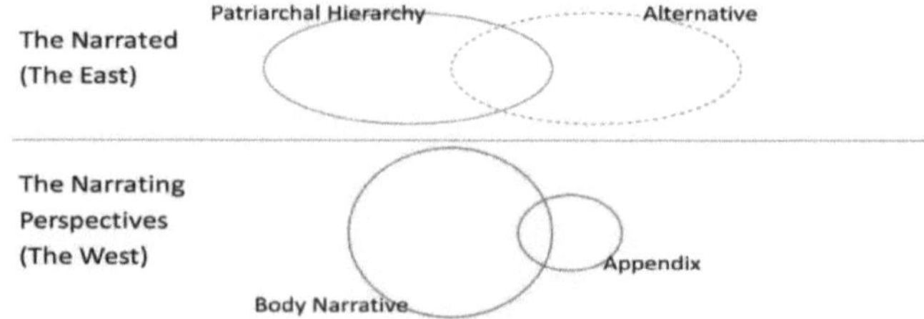

O que temos de confirmar, em primeiro lugar, é que, se não fosse o apêndice, o corpo narrativo poderia pôr em causa a "veracidade" dos nativos narrados. Por exemplo, Melville leva Tommo a fazer observações incoerentes sobre a sociedade dos Typees. Tommo insiste na presença de uma hierarquia patriarcal em torno do "rei Mehivi" (188): "como toda a autoridade é transmitida de pai para filho, não tenho dúvidas de que um dos efeitos aqui, como em qualquer outro lugar, do nascimento elevado, é induzir respeito e obediência" (186). Mas, ao mesmo tempo, insiste na "igualdade de condições" (185) na mesma página: "Os graus particulares de hierarquia existentes entre os chefes de Typee, não pude em todos os casos determinar" (186). Além disso, Tommo sugere o poder alternativo centrado na mulher, reconhecendo a presença da poligamia: "Existe um sistema regular de poligamia entre os ilhéus, mas de uma natureza muito extraordinária: uma pluralidade de maridos, em vez de mulheres" (191).

Esta interpretação obscura é um processo constante de excepcionalização dos Typees em relação a outras tribos. Por exemplo, Tommo afirma que a sociedade dos Typees é diferente da dos "grupos taitianos e havaianos" (186), onde se diz que a sua ditadura está firmemente estabelecida. Uma vez que tal excepcionalização pode ser pensada como um esforço do autor para separar os Typees da "humilhação" dos "selvagens" estereotipados, as representações antropológicas inconsistentes exprimem o esforço consistente do autor para aumentar a "veracidade" dos nativos narrados à custa da "fiabilidade" do narrador. Isso nada mais é do que a problematização da "veracidade" da narrativa. Antes do apêndice, a "veracidade" já foi posta em dúvida. Então, podemos fazer a nossa pergunta fundamental e simples: "Porque é que Melville acrescentou o apêndice?". Esta pergunta levar-nos-á finalmente a pensar na relação entre o Ocidente e o Oriente, pois enquanto a vida nativa narrada diz respeito à "verdadeira" natureza do Oriente, as perspectivas narrativas mutuamente dependentes, sob a forma de fratura, põem em dúvida o "verdadeiro" ato de narrar/escrever dos ocidentais perante os orientais.

2. Porque é que o narrador se chama Tabu?

É importante notar que os Typees definem a existência do narrador no vale Typee. O narrador não é apenas um cativo branco anónimo, porque os nativos lhe dão um nome, Tommo, e Mehivi, como rei, pronuncia-o "Tabu" (222). Tentar perceber o que significa "tabu" é fundamental para o narrador compreender os costumes sociais e o que se passa à sua volta. No entanto, Tommo, na sua exposição sobre "tabu", admite que "[s]ituado como estava no vale do Typee, apercebia-me a cada hora dos efeitos deste poder que tudo controla, sem o compreender minimamente" (221). Enquanto Tommo visita todos os dias "os bosques tabu do vale" (91), onde só os "chefes solteiros" (151) do sexo masculino podem entrar, o narrador parece procurar o cerne do "tabu" neste centro da hierarquia patriarcal. Antes de Toby fugir do vale de Typee e deixar Tommo para trás, ambos visitam o local e sentem um certo ritualismo esotérico: "Este lugar sagrado era defendido da profanação pelos mais rigorosos éditos do 'tabu' omnipresente, que condenava à morte instantânea a mulher sacrílega que entrasse ou tocasse nos seus recintos sagrados" (91). Não é de admirar que Tommo considere o cerne do "tabu" como um certo conhecimento indígena que nem as figuras periféricas (mulheres e homens de baixo escalão) nem os forasteiros (os ocidentais e as outras tribos) podem compreender.

No entanto, o texto, com a sua antropologia inconsistente, mostra-nos o potencial para descentralizar o poder do "tabu" em torno dos bosques. Em primeiro lugar, devemos reparar em "seis mosquetes encostados ao bambu" (92) no bosque. Embora Toby, ao contrário de Tommo, pense neles como evidências de canibalismo, os artigos ocidentais neste centro esotérico sugerem que os Typees, sob o disfarce da reclusão, já estão sob a influência "externa" da civilização ocidental. Embora "[p]orco não seja um artigo básico de alimentação entre o povo das Marquesas" (166), Mehivi, nos "bosques Tabu", fornece a Tommo "um porco assado, um artigo que tenho todas as razões para supor que foi fornecido apenas para minha gratificação" (151). Ciente de que os ocidentais comem carne de porco, Mehivi permite que o costume alimentar

ocidental se intrometa nos bosques. Está plenamente consciente da presença "exterior"

dos ocidentais.

A definição de "tabu" é também afetada pela interação bidirecional entre o

Ocidente e o Oriente. É particularmente notável o facto de haver alguns nativos que

podem circular livremente entre a aldeia "interior" e o mundo "exterior". Marnoo,

apesar do seu estatuto de "estranho" (140), pode entrar na comunidade dos Typees. É

interessante notar que, devido à sua experiência de vida em Sydney, Marnoo consegue

falar um inglês deficiente, como exclama: "Ah! me taboo,-me go Nukuheva,-me go

Tior,-me go Typee,-me go every where,-nobody harm me,-me taboo" (139). Ao dar

aos Typees a informação sobre o exército francês, Marnoo tem um privilégio especial

entre os Typees, embora seja considerado um "tabu". O narrador define este "tabu"

excluído da seguinte forma:

. . há casos em que uma pessoa que tenha ratificado relações de amizade com

algum indivíduo pertencente ao vale, cujos habitantes estão em guerra com os

seus, pode, sob restrições particulares, aventurar-se impunemente no país do seu

amigo, onde, noutras circunstâncias, teria sido tratado como inimigo. É assim

que as amizades pessoais são encaradas entre eles, e o indivíduo assim protegido é dito "tabu", e a sua pessoa, até certo ponto, é considerada sagrada. Assim, o

estrangeiro informou-me que tinha acesso a todos os vales da ilha. (139-40)

Esta visão do "tabu" pode parecer contraditória com o "tabu" esotérico que constitui o

núcleo da comunidade isolada. Esta aparente contradição, no entanto, acaba por não

ser uma contradição, quando prestamos atenção ao facto de os Typees tentarem ou

fingirem tratar Tommo como um nativo. Embora os Typees manifestem a sua

hostilidade para com os ocidentais "de fora", curiosamente, mostram a sua bondade e

hospitalidade para com Tommo. Ele está sempre acompanhado pela sua assistente

feminina, Fayaway, e pelo seu assistente masculino, Kory-Kory. Talvez nem valha a

pena chamar-lhe "hospitalidade para com os visitantes", porque os Typees não

admitem oficialmente visitantes e tentam assimilar o narrador entre eles. Pouco antes

de Tommo ser declarado "Tabu" (222), o rei Mehivi e outros chefes manifestam que

Tommo deve ser tatuado por Karky, o artista. Karky aprofunda o seu desejo de tatuar

Tommo: "A ideia de gravar a sua tatuagem na minha pele branca encheu-o de um

entusiasmo de pintor" (219). Esta ambição de assimilação reflecte que a proclamação

do "tabu" não é mais do que a absorção das presenças "exteriores" pelas presenças

"interiores". Através deste processo de transformação, todos os habitantes podem fingir

não saber mais do que as presenças "interiores", ocultando as presenças "exteriores".

Por exemplo, "a progenitura de alguns galos e galinhas ali deixados acidentalmente por um navio inglês" é também "estritamente tabu" (223). Os "tabus" estão quase sempre relacionados com o mundo "exterior".

A razão pela qual os Typees têm de absorver as presenças "exteriores" deriva não só da necessidade de manterem a sua autonomia, mas também do conhecimento que têm de que um certo poder reside na "zona de contacto" com as pessoas "exteriores", incluindo os ocidentais. Já vimos que Marnoo exerce uma influência sobre os Typees, dando-lhes informações sobre o movimento do exército francês. Para além de ser uma via de informação, a "zona de contacto" é também importante como potencial rota de comércio. Fayaway fuma graciosamente tabaco segurando "a longa cana amarela do seu cachimbo" (133). O costume de fumar nos Typees implica a presença de rotas comerciais, porque Tommo nunca vê "uma única planta [de tabaco]" (164). Apesar de Tommo assumir que a planta do tabaco pode crescer "nalguma parte remota do vale" (165), a sua incoerência é evidente.

A observação dos Typees permite-nos presumir uma interação comercial com os ocidentais. Não podemos afirmar que os Typees utilizam ativamente as potenciais rotas comerciais. Mas, temos de reconhecer a sua constante consciencialização dos Ocidentais.

As figuras periféricas dos Typees, as mulheres e os homens de baixo escalão, como Fayaway e Kory-Kory, podem ajudar a mediar o tráfego informativo ou comercial dentro da "zona de contacto". Uma vez que as figuras periféricas, ao contrário do rei Mehivi e de outros chefes, têm menos necessidade de manter a sua reclusão, têm um acesso flexível à "zona de contacto". A sua proximidade da "zona de contacto" forma o poder alternativo centrado na mulher, como se pode ver no facto de o corpo de Marnoo ter características femininas, como a sua bochecha com "uma suavidade feminina" (136). Douglas Irvison nota que "a sua descrição [do narrador] de Marnoo como, entre outras coisas, um 'Apolo polinésio' é altamente sexualizada" (Irvison 119). Assim, a afinidade entre Fayaway e Marnoo corrobora a alternatividade do poder centrado na mulher, que a hierarquia patriarcal tenta absorver na sua aparente autonomia.

A relação entre os dois pontos (2)

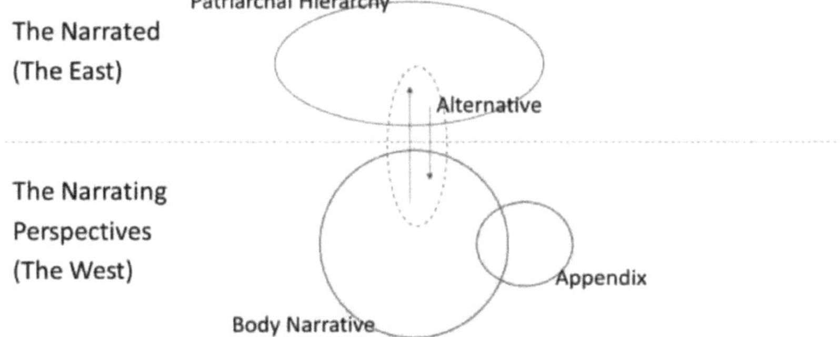

O que é significativo para o nosso enfoque na estrutura narrativa é o facto de a leitura de uma tal potencial cisão na comunidade nativa ser um esforço para se afastar da consciência do narrador, pelo menos enquanto repórter durante o seu cativeiro. A leitura pretende antes traçar a consciência colectiva dos Typees, mas o seu fracasso, devido à falta de organização "interna" dos constituintes dos Typees, diz-nos que não existem nativos típicos nos Typees, como descrevem os escritos de viagem convencionais. Para além da consciência que o narrador tem dos seus relatos "discursivos" (226), o esforço do autor para aumentar a "veracidade" do seu relato de viagem vai, assim, ao encontro da "discursividade" dos Typees que já se encontra na interação entre o Ocidente e o Oriente. É particularmente digno de nota que o poder alternativo centrado na mulher ajuda a colocar os leitores dentro da interação, tal como Marnoo ajuda Tommo a escapar da aldeia e a re-experimentar o seu estatuto de observador e de observado. Tommo não só lê os Tipos, mas também é lido pelos Tipos. A "veracidade" dos nativos narrados acaba por ser desestabilizada porque os Tipos se intrometem no nosso ato de leitura.

3. O significado do apêndice

Enquanto a narrativa do corpo apresenta a "verdadeira" natureza dos Typees como já colocada na interação entre o ocidental e o oriental, o apêndice parece redesenhar a linha entre os dois. O que o apêndice revela é que o cativeiro de Tommo e Toby já é conhecido pelo mundo "exterior" muito antes de Marnoo negociar com "[o] capitão do navio australiano" (252) a troca entre a libertação de Tommo e "artigos de tráfico adequados" (252). Através de "The Story of Toby", Tommo compreende que a recompensa pela sua captura no mundo "exterior" foi mantida. Espantado com este facto, Tommo afirma que "tudo isto espantou o meu camarada [Toby], pois nenhum de nós tinha a menor ideia de que algum homem branco alguma vez tivesse visitado os Typees socialmente" (264). Embora os Typees se recusem a trocar Tommo por alguns artigos, assimilando-o como um "tabu", esta revelação sugere que os Typees sabem que o conhecimento do seu cativeiro circula no mundo "exterior". Os tipos e os ocidentais partilham a mesma informação sobre os dois cativos.

A relação entre os dois pontos (3)

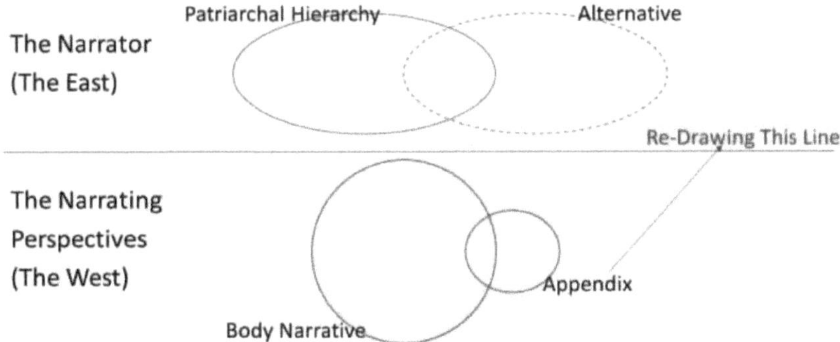

A partilha do conhecimento sobre o seu cativeiro, se me permitem a expressão mais forte, sugere que talvez não haja distinção entre o Ocidente e o Oriente no que diz respeito ao seu tratamento. Todos eles, apesar das suas diferentes atitudes em relação aos cativos, os colocam sob vigilância. Só Tommo e Toby pensam que o seu cativeiro é secreto para os ocidentais. Mas, sobretudo, é através de Toby, cuja identidade de ocidental é sólida, que a quota-parte de conhecimento vem a ser revelada. Ao contrário de Tommo, Toby acredita sempre que os Typees são canibais e nunca pensa na aldeia como "Happy Valley" (124). "The Story of Toby" assegura o que a incoerência dos nativos narrados nos mostra para além da consciência de Tommo como a interação entre o Ocidente e o Oriente. A exclusão de Toby do Oriente, no entanto, substitui os potenciais pensamentos de diversos tipos pela perspetiva ocidental. Enquanto a narrativa corporal tenta quebrar a fronteira entre o Ocidente e o Oriente, o apêndice volta a traçar essa fronteira, reclamando o Ocidente como narrador e o Oriente como narrado. De facto, quem ajuda Toby a escapar aos Typees não é uma pessoa que esteja dentro do poder centrado na mulher. Jimmy, que ganha dinheiro com a libertação de Toby, tem várias mulheres (268) e mostra apenas a sua atitude obsequiosa em relação ao poder dominante ocidental. É totalmente diferente de Marnoo, que simultaneamente insiste na resistência contra os ocidentais (138) e ajuda Tommo a regressar aos ocidentais. Assim, a garantia do que os leitores podem especular para além da consciência do narrador, ironicamente, elimina os potenciais pensamentos de Typees. O apêndice coloca novamente em primeiro plano a atividade de narrar como sendo a dos ocidentais.

Mais importante ainda, o apêndice também coloca em primeiro plano a atividade de escrita do autor. No corpo da narrativa, não podemos relacionar diretamente o narrador com o autor, porque a incoerência e a ignorância do narrador o desligam do autor. O narrador permanece basicamente apenas como um repórter que vive no vale de Typee. Deve distinguir-se geograficamente do autor que vive de novo no Oeste. Perto do final do corpo narrativo, no entanto, o autor reaparece quando escreve: "[e]mbora agora, no meio de toda a azáfama e agitação da cidade orgulhosa e movimentada em que vivo, a imagem daquelas árvores parece surgir tão vividamente perante os meus olhos como se estivessem realmente presentes" (244). "The Story of Toby", que é "related to the author by Toby himself" (260), opera a transferência do narrador para o autor, porque o autor, em "Note to the Sequel", escreve claramente que "[s]ome time after returning home the foregoing narrative was [is] published" (260) e a publicação da narrativa corporal revela "the existence of Toby" in America. Assim, o apêndice coloca em primeiro plano o autor que regressou a casa e escreve toda a narrativa.

O que esta ênfase na atividade de escrita implica é que Melville tem de confiar na "autenticidade" dos diários de viagem ocidentais, acrescentando a perspetiva ocidental de Toby. Por muito que o autor tente, taticamente, aumentar a "veracidade" da vida dos nativos com representações produtivamente inconsistentes, Melville parece estar consciente de que esses esforços, devido à desconfiança do leitor, de nada serviriam se a narrativa carecesse totalmente de "autenticidade". A relação entre o corpo narrativo e o apêndice não é senão a tensão entre a "veracidade" da narrativa e a "autenticidade" de um livro. S. Shankar, no seu estudo pós-colonial, afirma que os diários de viagem ocidentais extraem e transformam os fenómenos do não-ocidental e trazem-nos para casa para construir subjectividades coloniais. Shankar salienta que o viajante deve concluir a sua escrita de viagem com o seu testemunho perante a "autenticidade". O narrador, Tommo, não pode fazer este testemunho sozinho. O narrador, Tommo, não pode fazer esse testemunho sozinho. Ele faz o testemunho da "autenticidade" lendo "A história de Toby" como um leitor ocidental comum. Por conseguinte, o que o apêndice nos mostra é o mau funcionamento daquilo a que Shankar chama "viagem circular mas transformadora" (Shankar 9). O apêndice, portanto, problematiza e critica a premissa dos relatos de viagem ocidentais. Mas, ao mesmo tempo, o facto de o autor incluir "The Story of Toby" em toda a narrativa sugere que Melville não pode deixar de depender da "autenticidade" dos relatos de viagens ocidentais. Tommo torna-se um autor ao ler e transcrever "The Story of Toby". Temos de encontrar a profunda agonia de Melville na sua deliciosa descrição do "estranho" (271) reencontro de Tommo e Toby no final.

Não podemos saber até que ponto podemos confiar no apêndice para compreender toda a história, tal como o famoso conto de Melville, "Bartleby", apresenta o mesmo tipo de estrutura. Se dependêssemos totalmente do apêndice, toda a narrativa se concluiria com o regresso aos diários de viagem ocidentais convencionais, porque os escritos de viagem ocidentais convencionais se baseiam na fronteira entre o ocidental como escritor e o oriental como escrito. No entanto, o facto de Melville acrescentar o apêndice deve ser visto como uma autocrítica do seu ato de escrita enquanto ocidental. Ou seja, se ele não escrevesse nada, não haveria necessidade de quebrar a fronteira entre o Ocidente e o Oriente. Ele deve ter percebido que uma crítica acompanha sempre o envolvimento com o seu objeto. Por isso, o leitor pode equiparar a tensão entre o corpo narrativo e o apêndice à ambivalência entre a crítica ao expansionismo ocidental na escrita e a crítica ao próprio ato de escrever. Quando esta última se sobrepõe à primeira, o leitor pensa no tema do silêncio. Mas, no ponto de *Typee*, parece regozijar-se com o facto de também ter sido bem sucedido na sua problematização do "verdadeiro" ato de escrever enquanto ocidental.

D. H. Lawrence, nos seus ensaios sobre literatura americana, sugere que o narrador não pode regressar à sua visão edénica dos nativos da Polinésia: "Dormir é sonhar: não se pode ficar inconsciente" (Lawrence 365). Uma vez que os nativos já estão sob a influência da civilização ocidental, também não podem regressar ao seu estado original. Os Typees estão longe do seu antigo "monumento" (155). Então, e o ato de escrever? Poderá Melville regressar ao tempo em que iniciou a sua carreira literária? Mas ele já escreveu *Typee* como uma crítica aos escritos de viagem convencionais, dependendo da sua forma. Então, ele vai aprofundar a sua investigação a partir de agora, uivando como Ahab: "Como pode o prisioneiro chegar ao exterior, a não ser atravessando a parede? Não me fales de blasfémia, homem; eu bateria no sol se ele me insultasse" (*Moby-Dick* 140).

Capítulo 3

Tal como em casa, não é? Casa longe de casa":

A leitura global de Faulkner por Graham Swift em Last *Orders*

Quando pensamos nos factores de Faulkner nas obras dos seus sucessores, especialmente nos textos dos escritores não americanos ou não sulistas que são influenciados por Faulkner, temos de pensar na particularidade local e/ou histórica ou na aplicabilidade global, se não universal, dos factores de Faulkner. Não podemos passar este problema, especialmente quando textos como Last *Orders* de Graham Swift não transportam as características sociais dos textos de Faulkner para o seu próprio mundo ficcional. De facto, apesar da sua óbvia adaptação de *As I Lay Dying*, *Last Orders* não reflecte quaisquer características do condado de Yoknapatawpha, embora os "Agradecimentos" colocados após o final da história sugiram a relação mútua entre a música pop americana e britânica.

David Malcolm observa, a propósito de Last *Orders,* que "o meio social do romance é igualmente pouco glamoroso e local. As personagens são, quase sem exceção, oriundas de um mundo estreito, monótono, do sul de Londres, da classe baixa" (Malcolm 169). Podemos dizer o mesmo em relação ao contexto geográfico e temporal de *As I Lay Dying*: o romance centra-se num lugar local muito particular no campo do mundo fictício de Faulkner, no norte do Mississippi. Se não conseguirmos encontrar um ambiente semelhante nas duas obras, temos de encontrar semelhanças noutras problemáticas, como a temática ou a abstrata.

No fundo, não quero discordar desta hipótese. Mas, quando prestamos atenção às duas seguintes características comuns entre os dois romances, sinto-me tentado a considerar uma possibilidade alternativa do fator Faulkner no mundo pós-colonial ou pós-moderno de *Last Orders*. 1) O primeiro ponto é o facto de os dois romances constituírem, para ambos os autores, as primeiras experiências de focalização em personagens da classe baixa, no que diz respeito a romances concluídos.i 2) O segundo ponto é o facto de ambos os romances, independentemente do primeiro ponto, não apresentarem explicitamente a "classe alta". Em *As I Lay Dying*, não há antigos plantadores como os Sartorises e quase nenhum empresário mercantil bem sucedido como alguns dos Snopeses, embora os Bundrens, como Dewey Dell e Verdaman, se distingam como "gente do campo" de "gente da cidade" (60, 66); do mesmo modo, quase não aparecem personagens de classe alta em Last *Orders*, o que, num certo sentido, transforma as ambições de ascensão de classe doméstica em questões internacionais pós ou neo-coloniais.

Neste artigo, gostaria de procurar uma possibilidade dos factores de Faulkner de acordo com estas duas semelhanças, embora vá discutir principalmente o romance de Swift devido à particularidade não global e local de *As I Lay Dying* e à limitação do tempo.

Mas, antes de passar à discussão principal, permitam-me que apresente um episódio de *As I Lay Dying para* pensar na particularidade do romance. Na fase inicial do romance, Cora Tull, duvidando da autenticidade da viagem fúnebre dos Bundren, diz ao marido as seguintes palavras: "O lugar de uma mulher é junto do marido e dos filhos, vivos ou mortos. Esperas que eu queira voltar para o Alabama e deixar-te a ti e às meninas quando chegar a minha hora, que deixei por minha própria vontade para lançar a minha sorte com a tua, para o melhor e para o pior, até à morte e depois dela?" (23). Ao ver as suas palavras, podemos compreender claramente que a viagem fúnebre dos Bundrens é muito excecional, de acordo com os costumes não só da aldeia, mas também do Sul.

É por isso que o texto incita os leitores a pensar na motivação individual ou colectiva dos Bundrens para esta viagem não convencional, embora não consigamos compreender completamente a motivação de Addie para o seu último desejo, especialmente o seu apego à "cidade" Jefferson, mesmo quando lemos a sua narrativa "moribunda". Depois, podemos perguntar-nos se esta viagem fúnebre não

convencional funciona para realçar a particularidade ou a universalidade do romance,

em última análise, a viagem fúnebre especial no local específico da

Sul ou a representação universal das emoções humanas em geral. Com esta questão em

mente, passemos a examinar *Last Orders*.

História para localização ou história fictícia para des-localização

Quando John T. Matthews se debruça sobre a dialética entre a modernização

material e o modernismo estético em *As I Lay Dying*, a sua intenção é desuniversalizar

a estética do romance e especificar o seu contexto local e/ou periódico particular: "os

traços de condições históricas muito específicas aparecem no romance, e aparecem de

forma a sugerir que a modernização faz parte de uma dialética interna ao

funcionamento do romance e da história sobre a qual reflecte" (Matthews 75).

Certamente, o artigo de Matthew faz-nos perceber não só a era histórica específica da

modernização, mas também a localidade particular do Sul, como mostra a sua descrição

da situação política contemporânea no Sul (Matthews 8183).

Em *Last Orders*, porém, a história não funciona para localizar o cenário do

romance. Pelo contrário, tende a privar o texto de um sentido concreto de lugar,ii

porque, como afirma Tamas Benyei, "[g]ada a natureza dos interesses de Swift, a abstração que entra no mundo dos romances é geralmente a história" (Benyei 40).iii

Por exemplo, quando os viajantes fazem um desvio e vão parar à Catedral da Cantuária,

não conseguem encontrar quaisquer raízes das suas identidades no local, como

exemplifica de forma proeminente a observação de Ray: "Like it's looking down at

you, saying, I'm Canterbury Cathedral, who the hell are you?" (194). Quer a observação

de Ray reflicta a grande distância temporal em relação ao tempo antigo, quer o seu

sentimento de alienação da cultura autêntica devido à sua origem humilde, significa

que a presença histórica da catedral não forma qualquer sentido concreto de lugar.

Sentindo-se apenas como um turista, Ray encara a sua presença histórica como uma

abstração.

A este sentido abstrato da história vem juntar-se a ficcionalidade textual da

adesão de Vince a um guia. Durante a visita, Vince, quase sem ver a catedral, lê um

guia e tenta explicar a história aos outros. Sentindo animosidade em relação a Vince,

Lenny diz: "Ele está a estudar aquele guia como se tivesse todas as respostas" (203).

Os viajantes estão demasiado distantes da história para sentirem um sentido substancial

de história e, consequentemente, a ficcionalidade da história é enfatizada. As palavras

seguintes de Ray também reforçam a história não como material, mas como

ficcionalidade textual, embora, por outro lado, ele possa procurar alguma espiritualidade: "Os pilares vão subindo e subindo, e depois abrem-se como se já não

fossem pilares, soltaram o seu próprio peso e já não são de pedra, já não são materiais"

(207).

Esta história fictícia acaba por desconstruir as suas identidades nacionais e a sua

"inglesidade". Ray, em Wick's Farm, faz uma observação impressionante sobre a

paisagem: "It looks like England, that's what it looks like" (145). O que é importante é

que Swift não se limita a revelar a ficcionalidade da história ou a insubstancialidade da

"inglesidade" e a apresentar o sentido abstrato do lugar. O autor relaciona o sentido

abstrato de lugar com a mobilidade como base da identidade. Vince, que é um

entusiasta dos automóveis, tem uma opinião muito positiva sobre a mobilidade,

recordando os anos 60: "O mundo estava a mudar, eu sabia disso. Não o ignorava. Mas

eu disse: "Vou dizer-vos qual é a grande mudança... Não são os Beatles e não são os

Rolling Stones. . . É a mobilidade, é ser móvel" (105). Mandy, que se presume

simpatizar mais com a cultura dos anos 60, também encontra "a única coisa certa no

mundo" em "[n]ão o lugar de ou o lugar para, mas a estrada" (153). Apesar de ter

nascido nos anos 20, o apego de Ray à sua caravana também pode ser incluído neste

contexto.

Assim, a história insubstancial neste romance opera a deslocalização dos lugares. Os lugares, especialmente os pontos de passagem da viagem, não são mais do que lugares permutáveis. No entanto, como devemos pensar o período de tempo do romance, dos anos 30 aos anos 90? Será que não podemos procurar nenhuma particularidade do período de tempo? Uma vez que já vimos uma localidade não particular neste romance,iv temos de encontrar outro marcador da particularidade. Este romance não é uma história universal na era pós-moderna, depois de "os Beatles e os Stones serem música antiga" (105).

Situações pós-coloniais ou neo-coloniais no romance

Ao chegar a Margate, o destino da viagem, Ray sente que não é o objetivo: "It doesn't like journey's end, it doesn't like a final resting-place" (269); "It doesn't like the end of the road, it doesn't look like what you'd aim for and work for" (272-73). Estas observações não derivam apenas da sua ambição de ir para a Austrália com Amy ou da condição desolada do prier, pois ele relaciona a paisagem com a sua estadia no Cairo com Jack durante a Segunda Guerra Mundial (273).

Para pensarmos nos temas internacionais, temos de considerar o que significam as últimas ordens/pedidos de Jack, pois o último desejo de Jack permite a Ray adquirir o dinheiro avultado de uma corrida de cavalos com o capital que Jack pede emprestado a Vince e deixa à "sorte" de Ray. Antes de conhecer o seu cancro, Jack planeia

reformar-se e mudar-se para Margate com Amy. O plano de Jack não só personifica a

sua ambição de ascensão de classe, mas também o seu desejo neo-colonial de recuperar

a sua antiga identidade de soldado do Império Britânico durante a guerra.

Considerando o facto de quase não haver classe alta neste romance, devemos

pensar que o plano de Jack reflecte mais o seu desejo neocolonial do que a sua ambição

de ascensão de classe. De facto, apesar da sua ambição passada de ser médico, Jack,

antes de morrer, mostra o seu interesse pela enfermeira Joy. Além disso, o homem rico

que Vince suborna a filha para comprar um carro não é um branco rico, mas um árabe,

o Sr. Hussein. A globalização económica quase parece ter invalidado os conflitos de

classe internos.

Por conseguinte, é natural que pensemos que Jack quer que Ray tome conta de

Amy ou viva com Amy em Margate, transferindo o seu desejo neocolonial para o seu

antigo companheiro de guerra, Ray, embora não possamos saber se Jack conhece ou

não o adultério passado entre Ray e Amy. Mas, desde que Ray sinta que Jack o sabe

(283)v , temos de pensar como é que Ray encara o último desejo de Jack. Partilhará ele

com Jack o seu desejo neocolonial?

Uma vez que Ray quer usar o dinheiro para ir com Amy para a Austrália, onde é uma antiga colónia britânica e onde vive a sua própria filha, do outro lado do mar, o seu desejo pode ser interpretado como um desejo neocolonial. No entanto, no que respeita à Austrália, Ray vê distanciadamente um australiano, Andy, que é o marido da sua filha, procurar "[h]is ancestrais, as suas origens" (53) nos pontos turísticos como Stonehenge, o que consequentemente impede Ray de se interessar pela história: "foi uma coisa boa o facto de o seu grupo ter partido de uma aldeia qualquer nos confins de Somerset, porque assim dava para passar umas férias bem limpas... Não me digam que não era por isso que ele estava aqui, originem o meu rabo" (53).

A perspetiva dos estrangeiros/turistas em relação à história inglesa faz com que Ray se aliene da história substancial ou da "Englishness". Desta forma, o texto desconstrói a história substancial do inglês, para além de enfatizar a sua ficcionalidade textual. Mas, quando Ray espera voar sobre o mar, parece abraçar de forma bastante positiva a perspetiva deste estrangeiro em relação à história inglesa e à sua ficcionalidade textual. Ao visitar a Catedral de Cantuária como turista, Ray refere a sua esperança: "Mas acho que podia voar até à Austrália. Atravessar este mundo. O dinheiro que tenho. Poupava à Sue [a sua própria filha] o trabalho de o fazer, de outra forma. Quando. Se" (207).

Por conseguinte, a ambição de Ray de voar sobre o mar é uma ambição pós-colonial, porque não quer recuperar a sua identidade de soldado britânico, e muito menos o Império Britânico. Ele parte do princípio de que a história substancial é irrevogável. É por isso que, quando Vince o obriga a ver o obelisco no memorial naval de Chatham, não pensa em inglês mas no "mundo": "I could see the world. Podia ir a Banguecoque" (128).

As situações pós-coloniais conferem novamente ao romance a particularidade periódica, ligando cada período aos assuntos internacionais, como a Segunda Guerra Mundial, a guerra britânica em Aden nos anos 60 e a crescente tensão em torno do Médio Oriente antes da Guerra do Golfo. Assim, o mar, como símbolo da transição ou oscilação entre o pós-colonialismo e o neo-colonialismo, recoloca os lugares em inglês no contexto mundial, numa época em que os conflitos de classe não funcionam para dar particularidade ao romance. Então, como devemos pensar o final do romance?

A escolha do Ray

Os aspectos mais irónicos e dolorosos do final residem nos três pontos seguintes. 1) Amy não sabe o que significam as últimas ordens/pedidos de Jack e o que é o desejo de Ray, e encara a morte de Jack apenas como uma oportunidade de se libertar da família ou da instituição, "Home", onde a sua filha deficiente mental viveu toda a sua vida. 2) Ray tem de mudar o último desejo de Jack, se não mesmo traí-lo, para poder realizar a sua própria esperança de voar sobre o mar com Amy. 3) Seja qual for o resultado, Ray tem de explicar a Amy (e a Vince) que ganhou dinheiro para Amy ao realizar o último desejo de Jack, apesar de Amy tentar ser independente da família ou do lar.

Em suma, a morte de Jack dá a Ray a oportunidade de reorganizar a sua família e a sua comunidade, enquanto Amy a aproveita para ser independente. Neste ponto, gostaria de analisar o contraste entre eles no que diz respeito às suas atitudes diferentes e/ou semelhantes relativamente à mobilidade e ao lar.

É significativo que Amy mostre também o seu desejo passado pela mobilidade dos ciganos, pois lembra-se de apanhar lúpulo "no jardim de Inglaterra" (234), em Kent, antes da Segunda Guerra Mundial. Ao ver os ciganos junto ao bosque, sente mesmo atração sexual por um deles; no entanto, escolhe Jack Dodds, que é a sua primeira relação sexual. Como salientam Craps e Hartung-Brückner, as palavras de Amy sobre os ciganos aliam-se a "uma fantasia cigana ocidental tradicional" (Craps 414) ou a "uma forma de racismo romantizado" (Hartung-Brückner, na Web): "Os ciganos vinham com as suas caravanas e cavalos, precisavam de saltar como nós, mas acampavam separadamente, junto ao bosque... Costumava invejá-los porque estavam um pouco mais avançados do que nós no que toca a serem fora da lei e porque eram profissionais e nós não passávamos de amadores" (235). É certo que o seu romantismo os exclui de "Inglaterra".

Depois, opta por se tornar a esposa doméstica de Jack. Podemos ver que a mobilidade dos ciganos, para Amy, significa a transgressão da imobilidade da domesticidade convencional. Por isso, ela deve ter sentido uma certa transgressão quando conhece Ray na sua caravana, apesar da insistência de Ray num lar mais flexível ou mobilizado:

> Havia cortinas que se abriam nas janelas da caravana, em xadrez azul e branco, para que ninguém soubesse. Exceto pelo balanço da suspensão. Mas suponho que não havia muito disso. Eu disse, puxando as cortinas, 'Tal como em casa, não é? Casa longe de casa'. A chuva batia no telhado. Eu pensei, "Não pode ser evitado, mesmo que não seja correto. Pensei, Amy escolheu June, ela não escolheu Jack, agora eu escolhi Amy. (175)

Para Ray, pelo contrário, a mobilidade da sua caravana permite-lhe reorganizar o seu sentido perdido de família, porque a visita de Ray e Amy a June em "Home" permite-lhe ser reconhecido como "Uncle Ray" (278) por Amy. E, agora, Ray quase espera ser "um tio" para a sua própria filha, imaginando a sua viagem à Austrália com Amy: "Me and your Auntie Amy. Tal como a tua mãe e..." (282). Ele está prestes a dizer "like your pap", o que implica um sentido de família quase imitativo. A mobilidade internacional e o sentido pós-colonial de lugar contextualizam, assim, o desejo de Ray de reorganizar uma família ou comunidade patriarcal não rígida.

A realização do seu desejo depende não só da reação de Amy, mas também da sua escolha de como e o que dizer a Amy,vi porque Amy quer agora libertar-se de qualquer tipo de "lar". Para além disso, não podemos ignorar o lado negativo da sua visão de família flexível, pois Vince e Mandy, formando uma família não rigidamente patriarcal, acabam por ser pais algo conservadores. Para já, porém, gostaria de avaliar a esperança de Ray de uma reforma da família como a adaptação positiva e global da reforma dos Bundrens feita por Anse no final de *As I Lay Dying*.

Uma possibilidade de fator Faulkner-Conclusão

Voltando a refletir sobre a intertextualidade entre *As I Lay Dying* e Last *Orders*, podemos perceber que a ausência da "classe alta" coloca ambas as obras na ambivalência entre particularidade e universalidade. Como vimos, o romance de Swift transforma a ausência da "classe alta" na ambição pós-colonial ou neo-colonial de reorganizar uma família ou uma comunidade dentro do contexto particular. O seu contexto histórico indica também a situação global, se não mesmo universal.

Em *As I Lay Dying*, a ausência da razão pela qual Addie se agarra excecionalmente a Jefferson como "a cidade" pode tornar universal a viagem fúnebre dos Bundrens. Mas, por outro lado, a diferença entre cidade e campo em Yoknapatawpha acentua a particularidade local do romance. Esta tensão pode ser considerada como aquilo a que Matthews chama "a recusa [de Faulkner] em reconciliar a ambivalência em relação à modernização" (Matthews 85).

A ausência do significado que a diferença entre cidade e campo tem para Addie pode indicar que a diferença de classes dentro da "vasta expansão de Yoknapatawpha" (Gray 310) aparece como a diferença local em muitos casos. Se assim for, podemos dizer que a leitura global que Swift faz de Faulkner alarga a diferença local em Yoknapatawpha à distância internacional no mundo pós-colonial. Esta pode ser uma possibilidade dos factores de Faulkner na era em que a internacionalidade pós-colonial invalida os conflitos de classe domésticos ou regionais. (Gostaria de sugerir que as obras de Kenji Nakagami, um famoso faulkneriano japonês, poderiam tocar nesta possibilidade. Ele é bem conhecido pela sua veemente dramatização e excêntrica historicização dos homens da classe discriminada japonesa. Curiosamente, ao mesmo tempo, retratou frequentemente a imigração dos homens dessa classe discriminada japonesa para terras estrangeiras em todo o mundo. As suas obras devem ser lidas no Fator Faulkner, que Swift nos apresenta. Explicarei as suas obras se houver outra oportunidade).

[i] Quanto à história inacabada, é sabido que Faulkner começou a escrever *Father Abraham* na mesma altura em que começou a escrever Sartoris. *Father Abraham* retrata os habitantes de Frenchman Bend, na sua maioria agricultores pobres, e Flem Snopes como o novo chefe mamonista.

Quanto a Swift, Stef Craps considera *Last Orders* como "um novo começo para Graham Swift" porque representa "um meio social marcadamente diferente do ambiente da classe média" (Craps 405).

[ii] Quanto ao processo de destruição de um sentido de lugar na era pós-moderna ou do capitalismo tardio na literatura do Sul, ver The Postsouthern Sense of Place in

Contemporary Fiction do Dr. Martyn Bone (Bone 45-52). Ajuda-me muito a pensar.

iii Não tenho conhecimentos sobre as obras de Swift, exceto o meu pequeno conhecimento de *Last Orders*. Por conseguinte, não posso julgar os comentários dos críticos sobre as outras obras.

iv Um contra-argumento deveria ser sobre o tratamento de Bermondsey. É certo que, por mais que as personagens se desloquem livremente de um sítio para outro, estão limitadas à pequena comunidade de classe baixa de Bermondsey. Os viajantes podem representar "uma comunidade genuína", mas, como as secções cujos títulos são retirados dos nomes dos locais onde viajam partem de Bermondsely, o romance parece quebrar o seu sentido comunitário tradicional e reorganizar uma visão das comunidades locais. Especialmente quando pensamos no facto de as secções locais serem narradas não pelo enteado de Jack, Vince, mas pelo seu amigo Ray, o romance procura finalmente reconstruir a forma de família ou comunidade na relação não biológica e não patriarcal entre Ray, Amy e Vince, embora não seja apenas esperançosa mas também dolorosa, em grande parte devido à presença de June.

v Malcom parece pensar que Jack conhece o adultério (Malcolm 170).

vi Terrell L. Tebbetts sublinha a importância da "escolha" individual em Last *Orders* (Tebbetts 80). Penso que podemos incluir a "escolha de Ray" nos exemplos.

Referência

Hasumi, Shigehiko. *Notes on Films*. (Japonês) Tóquio: University of Tokyo Press, 2008. Impressão. Latour, Bruno. *We Have Never Been Modern*. Cambridge: Harvard University Press, 1993. Impressão. Lupke, Christopher. "The Muted Interstices of Testimony: *A City of Sadness* and the Predicament
do Multiculturalismo em Taiwan". *Asian Cinema* 2004 Spring-Summer; 15 (1): 5-36. Imprimir.

Nixon, Rob. *Slow Violence and the Environmentalism of the Poor*. Cambridge: Harvard University Press, 2011. Imprimir.

Rawnsley, Ming-Yeh T. "Cinema, Historiography, and Identities in Taiwan: Hou Hsiao-Hsien's *A City of Sadness*". *Asian Cinema* Fall-Winter; 22 (2): 196-213. Impresso.

Ru-shou, Chen. "Reconsideração de *A City of Sadness* de Vinte Anos Depois: Sons, Visuais, Tempo e Espaço". (Japonês) Tans. Hsu Shihchia. *A Poética e o Prisma Temporal de Hou Hsiao-hsien*. (japonês) Ed. Maeno Michiko, Hoshino Yukiyo, Nishimura Masao e Hsueh Hua- yuan. Nagoya: Arumu, 2012. Impressão.

Giltrow, Janet. "Speaking Out: Travel and Structure in Herman Melville's Early Narratives" [Viagem e Estrutura nas Primeiras Narrativas de Herman Melville]. *American Literature*. 52.1: 18-32. Imprimir.

Ivison, Douglas. "'I Saw Everything but Could Comprehend Nothing'": Melville's Typee, Travel Narrative, and Colonial Discourse". *American Transcendental Quarterly*. 16.2: 115-30. Imprimir.

Maloney, Ian S. *Melville's Monumental Imagination [A Imaginação Monumental de Melville]*. Abingdon: Routedge, 2006. Impressão.

McBride, Christopher. "Americanos no Mundo Maior: Beyond the Pacific Coast" [Além da Costa do Pacífico]. *The Cambridge Companion to American Travel Writing [O Companheiro de Cambridge à Escrita de Viagens Americana]*. Eds. Alfred Bendixen e Judith Hamera. Cambridge: Cambridge University Press, 2009. Imprimir.

lfred Bendixen e Judith Hamera. Cambridge: Cambridge University Press, 2009. Imprimir.

Melville, Herman. *Moby-Dick*. Nova Iorque: Norton, 2002. Ed. Hershel Parker e Harrison
Hayford. Imprimir.

Typee: A Peep at Polynesian Life. Nova Iorque: Penguin, 1996. Imprimir.

Lawrence, D. H. *Selected Literary Criticism [Crítica Literária Selecionada]*. Ed. Anthony Beal. New York: Viking, 1956. Imprimir.

Said, Edward W. *Orientalism*. New York: Vintage, 1979. Imprimir.

Sanborn, Geoffrey. *Melville and the Making of a Postcolonial Reader*. Durham: Duke University

Press, 1998. Imprimir.

Shankar, S. *Textual Traffic: Colonialism, Modernity, and the Economy of the Text (Colonialismo, Modernidade e Economia do Texto)*. Estado University of New York Press, 2001. Imprimir.

Benyei, Tamas. "Os romances de Graham Swift: Family Photos". *Contemporary British Fiction*. Eds. Richard J. Lane, Rod Mengham e Philip Tew. Malden: Polity Press, 2003. Impressão.

Bone, Martyn. *The Postsouthern Sense of Place in Contemporary Fiction [O Sentido Pós-Sul do Lugar na Ficção Contemporânea]*. Baton Rouge: Louisiana State University Press, 2005. Imprimir.

Craps, Stef. "'All the Same Underneath'? Alterity and Ethics in Graham Swift's Last Orders". Critique. verão de 2003: 44 (4): 405-20. Imprimir.

Faulkner, William. *As I Lay Dying*. New York: Vintage, 1990. Imprimir.

Gray, Richard. "History as Auobiography: An Approach to the Fiction of William Faulkner". *Rewriting the South: History and Fiction*. Eds. Lothar Hönnighausen e Valeria Gennaro Lerda. Tübingen: Francke Verlag, 1993. Impressão.

Hartung-Brückner, Heike. "(Re)construção da História e (Des)construção do 'inglês'". History and "Englishness" in Graham Swift's Last Orders. Postimperial and Postcolonial Literature in English [Literatura pós-imperial e pós-colonial em inglês]. Postcolonial Web, n.d. Web. 9 de maio de 2014.

Malcolm, David. *Understanding Graham Swift*. Columbia: University of South Carolina Press, 2003. Impressão.

Matthews, John T. "As I Lay Dying in the Machine Age" (Como eu estava a morrer na era da máquina). *boundary 2*. primavera de 1992: 19 (1): 6994. Imprimir.

Swift, Graham. *Last Orders*. Londres: Picador, 1996. Impressão.

Tebbetts, Terrell L. "Discourse and Identity in Faulkner's As I Lay Dying and Swift's Last Orders" [Discurso e Identidade em Faulkner's As I Lay Dying e Swift's Last Orders]. *The Faulkner Journal*. primavera de 2010: 25 (2): 69-88. Impresso.

Printed by Books on Demand GmbH, Norderstedt / Germany